3. Auflage

Erstauflage 2014
Texte: Kurt Hörtenhuber
Illustrationen: Günter Bender
Urheberin Figur Oups: Conny Wolf
ISBN 978-3-902763-51-8

Mit viel Liebe
und Sorgfalt hergestellt
und auf chlorfrei gebleichtem
Papier gedruckt.

OUPS©

Mit Herz und Freude
zum Erfolg

Es gibt nur eine Grenze,
die wir nicht
überwinden können:
die Grenze,
die wir uns selbst
gesetzt haben.

OUPS-Band 18 – eine motivierende und zugleich berührende Geschichte für Jung und Alt, Schüler und Lehrer, Auszubildende und Unternehmer, Mütter und Väter, Tagträumer und Nachtschwärmer –
mit vielen liebenswerten Metaphern und wert(e)vollen Lebensweisheiten in Wort und Bild macht dieses Buch allen Mut, die sich neue Ziele gesteckt haben … vor schweren Aufgaben stehen … Veränderungen in ihrem Leben anstreben … oder einfach auf der Suche nach dem Sinn des Lebens sind.

Für alle, die Oups noch nicht kennen …

Oups lebt auf einem fernen Stern, dem „Planeten der Herzen",
auf dem das größte Gut die Liebe ist.
Streit, Neid oder Missgunst kennt man dort oben nicht.
Weil Oups wissen wollte, warum die Menschen ganz anders
leben, sich viele das Leben so schwer machen, streiten und
sogar Kriege führen, beschloss er zur Erde zu fliegen
und zwei Geschenke zu überbringen: die Liebe und die Freude.
So wurden die Menschen zu Freunden und die Erde zu einem Ort,
den er immer wieder gerne besuchte – so wie in dieser Geschichte …

Viel Freude beim Lesen wünschen

Kurt Hörtenhuber und Günter Bender

Zurück auf Erden …

„Erfolg ist die Formel für das Glück der Menschen, zumindest glauben das viele von ihnen," hatte eine kleine Schnecke zu Oups gesagt, als er sie fragte, warum das Leben auf Erden immer hektischer zu werden scheint. Doch was die Menschen unter Erfolg verstehen, das konnte ihm die Schnecke leider nicht sagen. „Ich habe das nur so nebenbei von einigen vorbeieilenden Menschen aufgeschnappt", sagte sie, „was sie mit Erfolg meinen, weiß ich leider auch nicht."

So machte sich Oups auf den Weg in die Stadt, um seine Freunde aufzusuchen. Von ihnen wollte er erfahren, was für die Erdbewohner „Erfolg" bedeutet.

Wer das Glück im Augenblick erkennt,
braucht es nicht in der Zukunft zu suchen.

Sein Weg war umgeben von blühenden Wiesen, durch die sich ein kleines Bächlein schlängelte. Auf der linken Seite erhob sich ein Hügel mit einem Laubwald, dessen Blätter in unterschiedlichen Grüntönen leuchteten. Auf der anderen Seite des Weges war der Blick frei zu einem schier unendlichen Horizont, über dem die Sonne lachte. Einmal mehr war Oups entzückt, wie schön es hier auf Erden war.

Immer wieder blieb er stehen, um das Treiben der vielen kleinen Tiere, wie Schmetterlinge, Bienen, Hummeln, Käfer und Raupen zu beobachten. Dabei kam ihm ganz spontan die Idee, auch seine „kleinen Freunde" zu befragen.

„Weißt Du, was Erfolg ist?", fragte er eine der Bienen, die von einer Blume zur anderen flog und fleißig Blütenstaub einsammelte.

„Erfolg ist das, was folgt, wenn man eine sinnvolle Aufgabe mit viel Freude, Fleiß und Dankbarkeit macht."

Erfolg ist das, was er-folgt,
wenn man eine Aufgabe
mit Freude und Fleiß macht.

„Und für dich, kleiner Flattermann?", fragte er danach einen bunten Schmetterling, der ihn neugierig umkreiste, während er sich mit der fleißigen Biene unterhalten hatte. „Was ist für dich Erfolg?"

„Die Freude am Leben, das ist für mich Erfolg. Ich bin sehr dankbar für diesen Augenblick, wie für jeden Tag, den mir das Leben schenkt. Früher war ich eine Raupe, die es nicht immer leicht hatte. Es war ein schwerfälliges Leben, aber auch dafür bin ich sehr dankbar. Für all die Erfahrungen die ich damals machen durfte und dafür, dass ich den Mut zur Veränderung hatte. Denn es war wahrlich nicht leicht mich aus dem Kokon zu befreien, das kannst du mir glauben."

„Doch, das kann ich verstehen", antwortete Oups, „Veränderungen sind meist etwas unbequem. Denn man muss dafür eingefahrene Gewohnheiten ablegen und somit Vertrautes verlassen."

Veränderung erfordert meist viel Mut –
doch du wirst sehen, es tut gut.

„So ist es", bestätigte der Schmetterling. „Obwohl ich große Sehnsucht hatte, mich zu verändern, fand ich lange nicht den Mut es wirklich zu tun. Immer wieder habe ich mich davor gedrückt und habe es aufgeschoben."

„Aber du wusstest doch, dass dich ein besseres Leben erwarten wird als Schmetterling. Aus welchem Grund hast du damals gezögert, diesen Schritt zu machen?"

„Im Nachhinein betrachtet war es die Angst davor, es nicht zu schaffen. Da ging mir vieles durch den Kopf, wie zum Beispiel: ich könnte vielleicht stecken bleiben in meinem Kokon. Oder, dass ich, auch wenn ich ein Schmetterling bin, das Fliegen nie erlernen würde … und vieles mehr, das mir Angst machte. Und nicht zuletzt hat mich auch meine eigene Bequemlichkeit daran gehindert, mich zu verändern." Da musste der Schmetterling kurz über sich selbst lachen. „Wie du sagtest, Oups: Ich wollte das mir Vertraute nicht verlassen, die ganzen Gewohnheiten und meine Trägheit, die mir immer wieder einreden wollte: Es ist ja ganz gut, so wie es ist."

Wer es schafft sich liebevoll
von alten Gewohnheiten zu verabschieden,
schafft Raum für Neues im Leben.

„Ja, ja,", sagte Oups lächelnd, „Angst und Bequemlichkeit sind die größten Hindernisse auf dem Weg zum eigenen Glück. Wir setzen uns damit selbst Grenzen – oder besser noch tut das unser Verstand – und das, meist ohne, dass es uns bewusst ist. Mit Vertrauen, Optimismus und Mut hingegen ist alles möglich – alles, woran wir glauben."

„Ja, davon bin ich heute auch überzeugt. Denn zum Glück wurde die Sehnsucht in meinem Herzen damals immer größer und größer …", schwärmte der Schmetterling, „… so groß, dass ich meine Angst vergaß und nur noch meinem Traum folgte – dem Traum fliegen zu können. Ich habe immer wieder davon geträumt, bis es mir plötzlich ganz leicht fiel in den Kokon zu schlüpfen und diesen mit Mut und Stärke wieder zu verlassen. Manchmal brauchen die Dinge eben ein bisschen Zeit. Doch wenn man seinen Traum nicht aus den Augen verliert und der Stimme des Herzens folgt, geht dieser eines Tages in Erfüllung."

Die Reise zum Glück beginnt
in dem Moment, in dem wir
der Sehnsucht unseres Herzens vertrauen.

„Das hast du schön gesagt, mein Freund. Und wenn ich dich hier so herumflattern sehe, dann weiß ich, dass dein Traum in Erfüllung gegangen ist", sagte Oups und freute sich mit seinem kleinen Flatterfreund.

„Ja, er ist in Erfüllung gegangen", lachte der Schmetterling. Dafür bin ich sehr dankbar. Doch ich habe auch erkannt, dass es nicht das Erreichen eines Traumes ist, das uns dauerhaft glücklich macht, sondern die Freude am Leben. Die Erfüllung eines Traumes oder das Erreichen eines Zieles erzeugt Glücksgefühle, die aber nie von Dauer sind. Auch wenn du dir einen Traum erfüllt hast, wird dennoch nicht immer die Sonne für dich scheinen. So wie sie das auch für mich nicht immer tut, nur weil ich jetzt fliegen kann. Es ist das JA zum Leben – in jedem Augenblick – das wirklich Freude bringt. Freude, die wir dann an andere weitergeben können, damit sie sich vermehrt. Das ist mein Lebensmotto und zugleich meine Vorstellung von Erfolg."

„Ich finde es toll, dass du mir so offen von deinem Leben erzählt hast. Es macht mich um eine Erfahrung reicher",

Die Freude, die wir selbst verbreiten,
ist die Freude, die uns umgeben wird.

bedankte sich Oups und fragte auch noch einen kleinen Marienkäfer, der gerade völlig unbekümmert über seinen Fuß kletterte: „Hallo, mein kleiner Freund, kannst auch du mir etwas über dein Erfolgsgeheimnis erzählen?"

Der kleine Marienkäfer schmunzelte und antwortete Oups: „Geheimnis soll es keines sein, sonst würde ich es dir wohl nicht verraten. Also, schau mir gut zu. Ich zeige es dir."

Daraufhin kletterte er ein Stück einen Grashalm hinauf und ließ sich dann plötzlich mit voller Absicht herunterfallen. Der kleine Käfer blieb auf dem Rücken liegen und zappelte mit den Beinen in der Luft. Oups wollte ihm gerade helfen, als er begann aus eigener Kraft hin und her zu schaukeln. Noch ehe Oups eingreifen konnte, war der kleine Marienkäfer wieder auf den Beinen und lachte.

„Das ist für mich Erfolg, niemals aufzugeben. Ich habe gelernt aus eigener Kraft wieder aufzustehen. So wird jede Niederlage zum Erfolg. Das versuche ich allen meinen

Wer an sich glaubt,
kann über sich selbst
hinauswachsen.

Freunden zu vermitteln. Weißt du, viele meiner Artgenossen, die durch ein Missgeschick auf den Rücken purzeln, geben einfach auf, weil sie nach längerem Zappeln nicht mehr auf die Beine kommen. Ich hingegen habe nie aufgegeben, sondern nach einer Technik gesucht, die es mir möglich macht, mich aus so einer misslichen Situation selbst zu befreien. Diese Technik habe ich dann immer wieder trainiert, bis sie zur einfachsten Übung für mich wurde. Wie du siehst, bin ich damit erfolgreich und deshalb sehr dankbar dafür."

„Toll! Das klingt gut und macht so richtig Mut", freute sich Oups , bedankte sich für das „Erfolgsgeheimnis" und lobte den Marienkäfer: „Du kannst echt stolz auf dich sein."

„Bin ich auch", freute sich der kleine Käfer über das Lob und sagte: „Ich habe aber eine Bitte an dich, lieber Oups. Wenn du irgendwo einen Käfer zappelnd auf dem Rücken liegen siehst, dann hilf ihm auf die Beine. Alle sind noch nicht so weit, selbst wieder auf die Beine zu kommen. Doch dann erzähle allen von meiner Erfolgsgeschichte."

Bemühen wir uns andere zu unterstützen,
so werden wir gemeinsam „wachsen".

Oups versprach dem Marienkäfer seine Bitte zu erfüllen. Und er versprach ihm noch etwas: „Ich werde auch allen Menschen Deine Geschichte erzählen. Sie soll ihnen Mut machen, sich niemals aufzugeben. Egal in welcher Lage sie sind. Denn mit Mut, Optimismus und Vertrauen gibt es aus jeder Krise einen Weg. Man kann alles schaffen, wenn man daran glaubt und daran arbeitet."

„Ja, das ist eine gute Idee", meinte der Käfer zustimmend.

„Was ich bisher so erfahren habe, klingt gut. Ihr habt mir einmal mehr gezeigt, dass nicht der Erfolg selbst, sondern vor allem die eigene Dankbarkeit für den Erfolg glücklich macht", freute sich Oups.
Nachdem sie alle zusammen noch ein bisschen geplaudert hatten, verabschiedete er sich und machte sich weiter auf den Weg in Richtung Stadt.

„Alles Gute Ihr Lieben. Wir sehen uns hoffentlich wieder. Bis dahin wünsche ich euch viel Glück und Erfolg."

Wer mit einem
offenen Herzen durch
die Welt geht,
dem öffnen sich im Leben
viele Türen.

Oups war nun richtig neugierig darauf geworden zu erfahren, was für die Menschen, vor allem für seine Freunde, Erfolg bedeutet. Fröhlich und voll Vorfreude näherte er sich seinem Ziel. In der Stadt angekommen, dauerte es nicht lange, bis er in einem Straßencafé einen alten Freund erblickte. Es war Tom, mit dem er früher viel unternommen und dabei immer sehr viel Spaß hatte.

„Hallo Tom", grüßte Oups, als er vor seinem Tisch stand.

Tom schien gerade vor sich hingeträumt zu haben und reagierte etwas verschlafen. Doch als er Oups erkannte, sprang er voll Freude hoch und umarmte ihn herzlich.

„Hallo, Oups, das ist ja eine freudige Überraschung. Schön, dass du wieder hier bei uns bist. Wie geht es dir?"

„Danke, es geht mir gut. Und dir?"

„Na ja, geht so … könnte besser gehen."

Nur mit Begeisterung und Neugierde
können wir entdecken,
was uns das Leben alles bieten möchte.

„Was ist? Wo liegt denn dein Problem?", fragte Oups und klopfte ihm dabei tröstend auf die Schulter.

„Ach, das sagte ich nur so. Eigentlich habe ich keinen echten Grund zu klagen. Alles selbstgemacht", antwortete Tom mit einem Augenzwinkern.

„Was meinst du mit selbstgemacht?"

„Eben gar nichts. Mein Problem ist nur, dass ich im Moment mit dem, was ich mache, nicht ganz zufrieden bin, zugleich aber nicht recht weiß, was ich wirklich möchte."

„Diese Sorgen habe ich schon oft gehört hier auf Erden", sagte Oups. „Ist also nichts Ernstes, mein Freund. Dieses Problem lässt sich lösen, davon bin ich überzeugt."

„Na ja … leichter gesagt, als getan", seufzte Tom. „Aber was treibt eigentlich dich wieder hierher?"

„Ich bin auf der Suche nach Erfolg", antwortete Oups mit einem Schmunzeln.

Lösungen lassen sich
nur dann finden,
wenn wir den Kopf nicht
in den Sand stecken.

„Du? … ich glaube du scherzt mit mir … oder?", fragte Tom etwas ungläubig.

„Nein, ich scherze nicht. Ich habe nämlich gehört, dass hier auf Erden der Weg zum Glück nur über viel Erfolg führt. Da bin ich neugierig geworden und wollte mehr darüber wissen. Ganz besonders von meinen Freunden, vor allem natürlich von dir."

„Und was möchtest du jetzt genau wissen?"

„Ich würde gerne wissen, was für dich Erfolg bedeutet."

Tom überlegte ein Weilchen, bevor er Oups seine Antwort gab: „Ich denke, es wünscht sich jeder von uns erfolgreich zu sein. ERFOLG-REICH – das Wort sagt ja schon alles: Erfolg zu haben und reich zu sein."

„Ja, schon, aber was bedeutet Erfolg zu haben und reich zu sein?", fragte Oups neugierig weiter.

Mit zu hohen Er-wartungen
   lässt das Glück
 oft sehr lange
   auf sich warten.

„Siehst du den Mann dort drüben, der gerade in das große, schwarze Auto einsteigt? Der ist echt erfolgreich. Er hat ein großes Unternehmen in dieser Stadt, mit dem er enorm viel Geld verdient. So viel, dass er sich, wie du siehst, alles nur Erdenkliche leisten kann – alles, was er will."

Oups sah, wie der gut gekleidete Herr die Autotür hinter sich schloss, den Wagen in Gang setzte und losfuhr.
„Nun gut, ich sehe, dass er ein großes Auto hat. Du aber sagst, dass er sich alles leisten kann", antwortete Oups, überlegte kurz und fragte Tom: „Wirklich alles?
Kann er sich auch Freude kaufen? Zeit? Gesundheit? Liebe? Eine glückliche Familie? Gute Freunde? Zufriedenheit …? Ich bin überzeugt, dass man vieles kaufen kann, aber nicht immer, was wirklich – und vor allem dauerhaft – glücklich macht. Wohlstand ist etwas Wundervolles, doch niemals die Garantie für ein glückliches Leben.

Dem wahren Reichtum begegnen wir
durch Achtsamkeit und Wertschätzung.

Ich will damit nicht behaupten, dass reiche oder erfolgreiche Menschen nicht glücklich sind. Doch ich frage dich: Können dauerhaftes Glück und innere Zufriedenheit allein aus Erfolg oder Reichtum entstehen?"

„Hmm … zumindest ist man als reicher Mensch wenigstens frei und unabhängig", meinte Tom überzeugt.

„Meinst du? Kann viel Besitz nicht auch zu einer Belastung werden? Vor allem, wenn man davon immer mehr haben möchte. Ist das Freiheit?", fragte Oups und erzählte Tom von den jüngsten Begegnungen mit seinen kleinen Krabbel- und Flatterfreunden in der Natur. Tom hörte aufmerksam zu und war gerührt, vor allem, als er verstanden hatte, was eines der wichtigsten Erfolgsgeheimnisse zu sein scheint: DANKBARKEIT."

„Schöne Geschichten! Und das mit der Dankbarkeit werde ich mir wieder mehr zu Herzen nehmen. Dennoch ändert es nichts daran, dass ich nicht weiß, was ich wirklich will.

Wirklich frei ist,
wer an nichts festhalten muss.

Irgendwie habe ich kein klares Ziel und frage mich manchmal, ob das überhaupt wichtig ist. Was meinst du Oups, braucht man überhaupt Ziele?"

„Hmmm … mein Großvater sagte immer zu mir: Solange du noch nicht bei dir selbst angekommen bist, lohnt es sich ein Ziel zu verfolgen", antwortete Oups.

„Was meint er damit – noch nicht bei dir angekommen?"

Oups schmunzelte und zuckte mit den Schultern.
„Gute Frage, aber ich weiß es auch nicht. Mein Großvater meinte, dass er es mir nicht erklären kann. Ich werde es jedoch eines Tages verstehen – dann, wenn ich bei mir angekommen bin. Und was das Ziel betrifft, hat er mir auch viele schöne Gedanken mit auf meinen Weg gegeben:

Es sollte ein Ziel sein, das dir wirklich Freude macht. Etwas das sich auch dein Herz wünscht. Dann wird dir auch der Weg dorthin Freude machen und leichter fallen als ein Ziel zu erreichen, das nicht wirklich stimmig für dich ist.

Unser Herz leuchtet
uns den Weg.

Stecke dir dein Ziel nicht aus dem Grund, es anderen recht zu machen oder der Anerkennung wegen. Anerkennung zu erhalten, ist zwar etwas Wundervolles. Doch du bist auch wertvoll ohne das Lob und ohne die Bewunderung, die von außen kommen. Mach dein Glück nicht abhängig von anderen. Dauerhafte Zufriedenheit kann nur aus deinem Inneren entstehen.

Und was das Ziel betrifft: Wenn du auf dein Herz hörst, wirst du schon das Richtige für dich finden. Dein Herz ist die Stimme deiner Seele – sie weiß, warum du hier auf Erden bist, weiß was deine Lebensaufgabe ist. Diese Stimme hörst du am besten an einem Ort der Stille. Ich gehe dazu gerne allein in der Natur spazieren und lasse mich irgendwo nieder, wo es mir besonders gut gefällt. Wenn ich ein Ziel ins Auge gefasst habe, versuche ich mich in Gedanken hineinzuspüren, als hätte ich es schon erreicht. Ich versuche zu erspüren, wie es sich anfühlt, dort angekommen zu sein.

Nimm dir Zeit zu erspüren,
was dich wirklich glücklich macht!

Das eigentlich Wichtige ist der Weg zu unserem Ziel.
Er macht uns reich, wenn wir ihn aufmerksam gehen –
reich an Erfahrungen. Alle Erfahrungen machen uns reicher,
auch die unerfreulichen. Gerade in manch negativen Erlebnissen stecken oft verborgene Schätze, die für unser Leben
sehr wertvoll sein können. Es ist jedoch nicht leicht dies in
jenem Augenblick zu verstehen, in dem uns Unerfreuliches
widerfährt. Ich bemühe mich, meinen Weg mit Freude zu
gehen und allem, was auf mich zukommt, oder sich mir
in den Weg stellt, mit einer positiven Lebenseinstellung
zu begegnen. Das hilft mir die Hindernisse des Lebens mit
mehr Leichtigkeit zu überwinden. Apropos Weg, was hältst
du davon, noch ein Stückchen durch den Park zu spazieren?
Der ist so schön hier in dieser Stadt. Wir können ja nebenbei
noch etwas plaudern."

Die Worte von Oups hatten Tom sehr zum Nachdenken
gebracht, so dauerte es ein Weilchen, bis er aus seinen
Gedanken auftauchte und dem Vorschlag zustimmte:
„Ja, Oups, das ist eine gute Idee!"

Es sind die kleinen, achtsamen Schritte,
die uns den großen Zielen näherbringen.

„Ein weiser Mann, dein Großvater – er scheint schon bei sich angekommen zu sein", sagte Tom schmunzelnd und doch mit viel Wertschätzung. Gemeinsam machten sie sich auf den Weg zum nahegelegenen Park mit einem beeindruckenden, alten Baumbestand. Es war ein Platz, den Oups liebte. Nicht nur, weil er so schön war, sondern auch, weil dort immer viele Kinder spielten. Das Lachen und die Unbekümmertheit der Kleinen erfreute sein Herz.
„Ist es nicht faszinierend, wie unbekümmert und mit welchem Vertrauen die kleinen Zwerge hier das Klettergerüst hochklettern? Die Einzigen, die hier dabei Angst zu haben scheinen, sind die Eltern. Die müssen wohl noch lernen, den Kleinen mehr zuzutrauen."

„Ja, den Kleinen, wie den Großen", unterbrach Tom Oups. Auch mir trauen meine Eltern zu wenig zu. Nichts, was ich mache oder plane, ist so, wie sie es gerne hätten. Dabei ist es doch mein Leben, meine Zukunft."

Steine, die im Weg liegen,
sind keine Hindernisse,
sondern Brücken für persönliches Wachstum.

„Deine Eltern meinen es aber sicher nur gut mit dir. Was ihnen fehlt, ist das Vertrauen, dass du es alleine schaffst. Das rührt vielleicht aus verborgenen Ängsten oder Sorgen, die manchmal ganz unbewusst auf die Kinder übertragen werden. Ohne Vertrauen können aber keine schwierigen Aufgaben gelöst werden. Vertrauen in sich selbst. Vertrauen in andere. Ich habe dir ja von meinem kleinen Flatterfreund erzählt. Erst als er seine eigene Angst überwunden und sein Vertrauen wiedergefunden hatte, war der Weg frei sich zum Schmetterling zu entfalten."

„Ja, das stimmt schon. Aber es ist nicht die Angst allein, die mich hindert meine Aufgaben zu bewältigen. Ich muss oft unsinnige Aufgaben erledigen und für mich Uninteressantes lernen. Da bekomme ich schon Frust, wenn ich nur daran denke", schimpfte Tom etwas aufgebracht.

„Ich kann dich verstehen, mein Freund. Aus eigener Erfahrung kann ich dir dazu nur eines sagen: Alles, was ich mit Unmut gemacht habe, hat immer mehr Unmut angezogen.

Um große Träume wahr werden zu lassen.
braucht es Vertrauen in sich selbst.

Mache ich hingegen eine unliebsame Aufgabe mit Freude, oder zumindest mit einer positiven Einstellung, so fällt mir diese Arbeit viel leichter, ja macht dann manchmal sogar Spaß. Selbst Arbeiten, auf die ich mich alles andere als gefreut habe. Unsere eigene Sichtweise ist entscheidend, wie wir eine Situation, eine Aufgabe oder ein Problem wahrnehmen. Ob Schüler, Studenten, Hausfrauen oder Berufstätige – jeder von uns hat es selbst in der Hand, allem mit einer positiven Einstellung zu begegnen. Auch du! Versuche es einfach und du wirst merken, dass du damit mehr Freude in deinem Leben anziehen wirst."

Daraufhin legte Oups den Arm um seinen Freund und forderte ihn mit einem Lächeln auf, es zu probieren.

„Du kannst dabei ja nichts verlieren, nur etwas gewinnen!"

Tom nickte. „Ok, versprochen! Ab heute versuche ich wieder alles ohne Frust zu erledigen."

„Ohne Frust ist zu wenig." Oups klopfte ihm ermahnend auf den Rücken und versuchte ihn noch einmal zu motivieren:

Nicht jede Aufgabe macht Freude,
doch man kann jede Aufgabe
mit Freude machen.

„Du machst das ab jetzt mit einer positiven Einstellung und einem innernen Lächeln, davon bin ich überzeugt. Alles andere schadet nur dir selbst."

„Ist ja gut", murrte Tom scherzhaft. „Ich hab dich schon verstanden und weiß ja, dass du Recht hast. Danke, dass du mir immer wieder die Augen öffnest. Es sind ja Dinge, die ich weiß, aber meist darauf vergesse, sie zu leben."

Oups freute sich darüber, so wie er sich immer freute, wenn er jemandem helfen konnte. Dann zeigte er auf eine Bank, auf der ein älterer Herr saß und sagte: „Komm, setzen wir uns da drüben hin. Das ist eines meiner Lieblingsplätzchen."

„Ja, das ist ein schöner, schattiger Platz", stimmte Tom zu. Sie fragten den alten Herrn höflich, ob sie neben ihm Platz nehmen dürften. Mit einem freundlichen Nicken bot ihnen der nette Herr den Platz neben sich an: „Aber gerne doch, meine Herren – hier lässt es sich gut aushalten."

Das Glück
ist dort,
wo wir kleine
Pflänzchen der
Liebe zum
Wachsen bringen.

Nachdem die beiden Platz genommen hatten, unterhielten sie sich weiter über Erfolg. Als sie dabei auf die Reichen und Mächtigen in dieser Welt zu sprechen kamen, zeigte Tom auf zwei unterschiedlich große Bäume, die direkt neben ihrer Bank standen und sagte: „Auch in der Natur scheint es nicht anders zu sein. Der eine Baum hier ist groß und mächtig, der andere ist klein geblieben. Er wird von dem großen überragt und steht damit in seinem Schatten."

Oups betrachtete die beiden Bäume und antwortete Tom: „Ja, sie sind sehr unterschiedlich und doch haben sie etwas gemeinsam. Beide haben die gleiche Lebensaufgabe."

„Und die ist?", fragte Tom neugierig.

„Sich dem Licht zuzuwenden und etwas von sich für die Welt zu geben. Groß wie Klein – sie sind beide für uns da. Wir dürfen ihren Schatten nützen. Sie geben allen Vögeln und Insekten ein Zuhause, egal woher sie kommen. Oder jene Bäume, die Früchte tragen – wie alle Pflanzen geben sie ihre Früchte ab und nehmen für sich nur, was sie zum Wachsen brauchen. Wasser, Licht, Sonne.

Erfolg ist, wenn wir Glück in unserer Welt
zur Entfaltung bringen.

Alles andere geben sie weiter – das ist der Unterschied zu den meisten Menschen hier auf der Erde."

Während Tom zustimmend nickte, meldete sich der alte Herr neben ihnen zu Wort, der ihre Unterhaltung ungewollt mitgehört hatte.

„Ist ein interessantes Thema, das Euch beide beschäftigt. Möchtet Ihr wissen, was für einen alten Mann, wie mich, Erfolg bedeutet?"

„Ja, sehr gerne", antworteten beide fast im Gleichklang.

„Nun gut. Zuerst sollt Ihr aber wissen, dass ich, als ich jung war, unter Erfolg etwas ganz anderes verstanden habe, als dies heute der Fall ist. Viel Geld, viel Ruhm und viel Anerkennung, das waren die Werte, die ich mir damals durch Erfolg erhoffte. So strebte ich nach Erfolg, wo immer es ging – im Beruf, beim Sport, beim Spiel …

Willst du auf Dauer glücklich sein,
so denke nicht nur an dich allein.

Ich habe nicht erkannt, dass das Streben nach viel Erfolg einen kleinen Haken hat."

Tom und Oups mussten sich ein Weilchen gedulden, bis sie erfuhren, welchen Haken er damit meinte. Denn der alte Herr schloss kurz die Augen und legte eine kleine Nachdenkpause ein. Es schien, als ob er in seinen Gedanken in die Vergangenheit eintauchen würde.

„Der Haken daran ist, dass es nie genug ist", fuhr er wenig später fort, während er die Augen öffnete und seinen Blick wieder den beiden zuwandte. „Ja, nie genug", sagte er mit betrübtem Blick und nickte dabei. „NIE GENUG ist das größte Problem, das wir Menschen haben. Nicht genug Erfolg, nicht genug Geld, nicht schön genug – einmal ist der Job nicht gut genug, irgendwann erfüllt vielleicht der Partner nicht mehr die Erwartungen. Ganz viele Menschen finden sich selbst nicht wertvoll genug oder meinen gar, das Leben sei nicht gut genug zu ihnen.

DU bist das Wertvollste,
das dir das Leben bieten kann.

Die Suche nach mehr und mehr im ´Außen´ schafft eine Leere in unserem Inneren und sorgt für eine tiefe Unzufriedenheit. Zumindest war es bei mir so – und zwar ohne, dass es mir eigentlich wirklich bewusst war. Den Großteil meines Lebens habe ich mein Glück nur im MEHR HABEN WOLLEN und im MEHR ERREICHEN WOLLEN gesucht – also im Erfolg.

Der Preis für mein Streben nach mehr und mehr Erfolg war allerdings hoch, ja, sehr hoch sogar. Ich habe das Wertvollste dafür eingesetzt, das es gibt, nämlich Zeit – zu viel meiner kostenbaren Zeit. Das ist der Grund, warum ich Erfolg für mich persönlich heute ganz anders definiere."

Der alte Mann dachte ein Weilchen nach, ehe er mit seiner freundlichen Stimme fortfuhr.

„Wirklich erfolgreich ist, wer am Ende des Lebens zufrieden zurückblicken kann, weil er viele Spuren der Liebe hinterlassen hat. Erfolgreich ist, wer bewusst dazu beigetragen hat,

Mit gutem Gefühl
auf sein Leben
zurückblicken kann,
wer Spuren der Liebe
hinterlassen hat.

unsere Welt ein bisschen lebens- und liebenswerter zu machen. Es ist so wie Ihr es im Vergleich der beiden Bäume richtig erkannt habt: Am Ende unseres Lebens ist es nicht wichtig, ob wir hoch hinaus gewachsen sind oder nicht. Es zählt nicht das, was wir erreicht haben, sondern vielmehr, was wir vom Leben gelernt und dieser Welt gegeben haben. Damit meine ich nicht allein an Gaben, sondern auch an Zuneigung, an Liebe und an Zeit – Zeit für andere und Zeit für uns selbst."

Daraufhin streckte der alte Herr seine Beine aus, lehnte sich gemütlich zurück und sagte mit einem zufriedenen Lächeln: „Wisst ihr, was für mich heute an diesem Tag Erfolg ist? Dass ich mich so nett mit euch unterhalten durfte und dass ich hier sitzen kann, so lange ich mag. Das war mir früher nicht gegönnt, weil ich es selbst nicht zugelassen hatte, auf dem Weg zum Erfolg. Ich hoffe, ihr beide macht das besser, als ich es getan habe. Nützt eure Zeit. Sie ist viel kürzer, als ihr heute denkt …"

Es sind die kleinen Freuden, die wir teilen,
die unser Leben lebenswert machen.

GESCHICHTE / SPRÜCHE

Kurt Hörtenhuber

Erfolg ist für mich, dass ich in meinen Geschichten die Sehnsucht meines Herzens zum Ausdruck bringen darf. Und wenn ich damit auch anderen Freude bereiten kann, oder Menschen, denen es im Moment nicht so gut geht, Mut machen kann, dann ist das für mich das größte Geschenk – denn das ist meine Lebensaufgabe.

Viel Freude mit den Erlebnissen von Oups und viel Erfolg mit Deiner Lebensaufgabe.

ILLUSTRATIONEN

Günter Bender

Es macht mir einfach unendlich viel Spaß diese kleine Oups-Figur zu zeichnen. Erfolg hin oder her. Wenn ich es schaffe Euch ein Lächeln aufs Gesicht zu zaubern, so reicht mir das.

Danke und viel Freude beim Lesen und Betrachten der Bilder.

OUPS ©

Liebenswerte Gedanken für eine lebenswerte Welt

Eine Übersicht aller Oups-Bücher mit Lese- und Hörproben,
sowie eine große Auswahl an Oups-Natur-Wohlfühlprodukten,
Downloads und anderen liebenswerten Geschenkartikeln:

www.oups.com